JN408735

붉은 늑대의 외출

붉은 늑대의 외출

2012년 10월 18일 초판 1쇄 발행. 임달오가 시를 쓰고 그림을 그렸습니다. 기획 편집은 박철수가 담당했고 표지 디자인은 박경훈, 본문 디자인 편집은 김계화와 이현주가 담당했습니다. 작품 촬영은 앤스튜디오, 제판은 세영애드, 인쇄는 대성인쇄, 제본은 광명제책에서 각각 했습니다. 출판사 등록일 및 등록번호는 제325-2001-000007호이고 주소는 부산시 중구 동광동 3가 15-5 삼성빌딩 702호 / TEL. 051)254-2260, 2261 / FAX. 051)246-1895 / E-mail. haeambook@hanmail.net이고 정가는 13,000원입니다.

ISBN : 978-89-6649-019-6　03810

글 · 그림 © 임달오, 2012

임달오 시화집

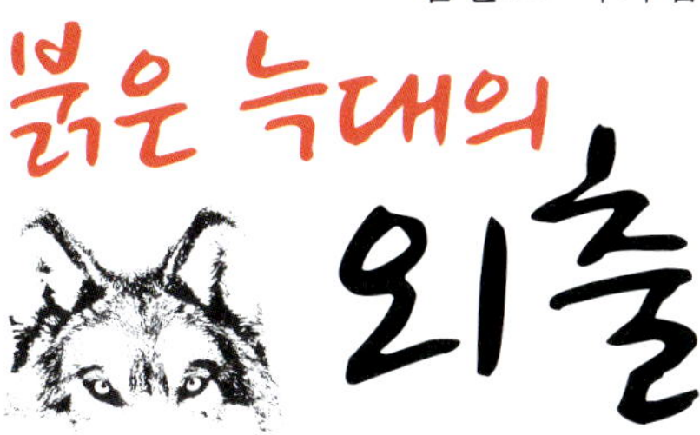

도서출판 해암

작가 노트

文人이란 방울이 달린 초립을 얻어 쓰고 文壇의 邊方을 배회한 지 10년의 시간이 흘렀습니다.
그러나 여지껏 내 詩想의 시냇가에는 맑고 깊은 詩가 흐르지 못하고
我相을 깨뜨리지 못한 채 주변의 視線을 언뜻언뜻 훔쳐 보고 있는 얕은 감성의 副產物들이
魔軍의 형상으로 흐트러져 정돈되지 못함을 솔직히 告白하면서 더 많은 공부를 통해
省察의 시간을 갖고 明年의 農事를 위해 씨곡식을 남기고 餓死한 農夫의 비장한 각오를
마음 안에 새겨보면서 이제부터라도 더 진솔하고 깊은 눈빛을 가진 언어들을 만나 보기를 기대하며
부끄러운 눈빛으로 얼굴 붉히는 이 친구들을 이제 바깥세상으로 내 보냅니다.

오늘 당신에게로 보내는 이 친구들은 팍팍한 일상 가운데서도 마른 목을 축여주며
문득문득 나를 일깨우고 끊임없이 보채면서도 세상 사는 맛과 재미를 느끼게 해주었던
오랜 벗들이었음을 밝힙니다.

어떤 시인은 시를 쓴다고 하지 않고 집을 짓고 밥을 짓듯 시를 짓는다고 합디다.
나는 시를 그리고 싶었습니다.
그림으로 글을 쓰고 글 속에 그림을 投影시키는 작업을 늘상 꿈꾸어 왔으나
아직도 나의 그림은 筆力이 얕고 그 언어는 琢磨의 지경에 이르지 못하지만
귀한 시간을 쪼개어 책장 열어준 고마운 당신께서 이 친구들을 만나 보다가 재미없고
시들할까 두려워 그간 함께 했던 그림 친구들을 옆에 세워 함께 보냅니다.

언젠가부터 내 얼굴 한쪽 모서리에서부터 차츰 날이 기울어 감을 느끼게 되고
분주한 日常의 그림들과 언어들이 하나로 엮이어 분간하기 힘들어 질 때마다
버려야 하는 것, 비워가야 하는 것들을 하나씩 구별하게 된 것은 고맙고 다행한 일입니다.

그러나 시시로 다가드는 그리운 눈빛들과 덧없이 흘러 보낸 시간들을 뒤돌아 보면
이미 저만치 가버린 구름 같아 눈물겹지만 주말마다 찾아가는 촌집(常夏農園)의
텃밭에서 잡초를 뽑아주며 꽃씨를 뿌리는 동안 세상사의 잡다한 먼지들을 털어가며
그간의 내 안에 늘상 자리하던 미움 혹은 상처와 우울함 마저도 겸허히 받아들여
친구 삼아 함께 가는 것도 거짓없는 자연에게서 배워가면서 구름에 가리워진 햇빛과
가뭄에 지친 텃밭에 내리는 단비를 기다릴 줄 아는 인내와 척박한 땅을 일구어
밑거름을 넣어 주고 씨앗을 심어 愛情어린 손길과 滋養分으로 보살펴 주고
주변을 어지럽히는 雜草들을 솎아주면 반드시 그 작은 씨앗이 자라
줄기를 튼실하게 키우고 향그러운 꽃을 피워주며 그 열매가 이듬해 또다시 꽃을 불러와
열매를 준다는 평범한 진실을 깨닫기까지는 제법 많은 땀과 시간이 필요했었습니다.

지루하리만치 무덥던 여름이 몇 번의 태풍으로 한 풀 꺾이는가 싶더니
門 밖에 가을이 왔다는 소리가 들립니다.
귀뚜라미 소리가 天上의 音樂으로 다가 오는 밤,
내게 별을 올려다 볼 줄 아는 感受性을 물려 준 부모님과 가슴 따뜻했던 이웃들,
幼年期를 함께 했던 산과 계곡의 맑은 물,
큰 바다 위의 구름들과 아득하여 눈부시던 하늘,
생각들을 키우고 발효시켜 가슴안에 항상 간직하고 싶었던 꽃과 향기,
그 모두를 실어 날라 주는 바람에게 오늘에사 뜨거운 감사의 입맞춤과
사랑을 바칩니다.

도서출판 해암의 모든 분들 수고 많으셨습니다.

壬辰年 小秋 任 達 五

그림 작업실(畵舍廊)에서

붉은 늑대의 외출

작가 노트

꽃님 前上書

아침을 위한 노래

그리움에 관한 몇가지 형상

붉은 늑대의 외출

담여정 연가

바다를 위한 獻詩

동짓달 노을 지는 언덕 그리고 그리움에 대하여

꽃님 前上書

산수유 피는 개울 2011年 作 Water Color 53.0×33.3cm

분홍치마

산수유꽃 피어있던
햇살 가득한 봄날
노랑나비
민들레 앉고

상아빛 블라우스
분홍치마
박꽃같이 하얀 얼굴
단발머리 가시내

울타리 탱자나무
가시 찔린 손가락
두 손으로 감싸 안고
호오 불어주었지

그때 그 분홍치마
선홍의 피 한 방울
봄만 되면 복사꽃 되어
가슴 안에 피네.

꽃과 향기 2011年 作 Water Color 24.2×33.3cm

꽃

아름다워서 슬프고
슬퍼서 더욱 아름다운
향기의 이름
꽃.

섬진강 꽃비

봄날 섬진강을 가 본 이는 안다
악양들 청보리는 흐트러져 나부끼고
간간이 두 볼 적시며 가슴을 긋는 빗발에
애써 피운 꽃잎 질까 애태우는 산수유
속절없는 강물에 눈길 띄우면
물안개로 다가오는 그리움의 얼굴이며
그리움의 꽃비는 어디에서 오는가를
비 내리는 봄날 섬진강을 가 본 이는 안다
모진 겨울 이겨내고 먼데서 오신 님
마중 나온 매화 밭을 강 건너로 바라보면
강물은 바다로 흐르는 것이 아니라
젖어가며 부푸는 가슴으로 흐른다
사랑하는 사람의 낮은 목소리거나
살아오며 잊어 온 얼굴 만나 보려거든
잔잔히 흘러 스스로를 비우는 하동포구
비 내리는 봄날 아침 섬진강변을
꽃비 맞으며 걸어보라.

돌다리가 있는 風景 2010年 作 Water Color 53.0×33.3cm

새잎 가로수 아래서

사랑은 봄볕으로 다시 피어 그 녹색의 얼굴로
남항 방파제 밖 출렁이는 파도처럼
자갈치 선착장 만선의 깃발처럼 가슴은 벅차오르고
날 저문 초량역 혹은 영도다리 난간에 섰을 때
하룻날 부대끼며 살아온 이웃들에게
키 작은 은행나무 가로수의 새잎으로 그 뜻을 주는구나
생각건데 너는 꽃이고 또한 향기다
모진 겨울 바람 맞으며 몸부림 끝에 온 사랑아
우리가 어디쯤에서 홀로 훨훨 자유로웠다 한들
자기만의 땅을 지녀 그 몸짓 할 수 있으랴
나는 다만 이 저녁 거리에 서서
가슴 비워 풀꽃 향기로 마른 목을 축이고
겨우내 얼음장 아래 숨어있던 넋이며 한을
봄, 그 신록의 새로움에게
아낌없이 돌려 줄 일이다.

落花에 대하여

바람 한 줄 불때마다
한 무더기 무리지어 투신하는
그 꽃잎들이
이제 보니 흩어지는 내 시선인가
아니면 마음의 분신인가
겨우내 땅속 깊이서 스스로의 빛깔을 만들어
그토록 힘들고 눈부시게 찾아와서는
한나절 짧은 목숨 버리고 가려느냐
기왕지사 떨어지려든 훠얼훨
나비처럼 날아올라
세상의 가장 높은 곳으로
춤추며 날아올라라
그러면 나는 차라리
내 안의 미움이며 사랑을
세상의 가장 높은 곳에서부터
세상의 가장 낮은 곳으로 데려와
함께 누워 등허리 안고
다독이며 쓰다듬을지니.

장미의 노래 2012年 作 Water Color 33.3×21.2cm

상사화를 아십니까

같은 땅 한 뿌리로 세상에 태어나
잎이 나면 꽃 지고 꽃대 나면 잎이 말라
잎은 꽃을 생각하고
꽃은 잎을 그리워 한다하여
상사화라 이름 붙여진
슬픈 인연의 꽃
서로 어긋나기만한 안타까움을
어긋나 보지 않은 이는 모릅니다
그리운 이를 기다려보지 않은 이는
그리움을 모릅니다
혹여 가슴 안에 묻어 둔 그리운 이 있거든
숲그늘 엷어지는 늦여름께
남도 함평 용천사나
질마재 너머 고창 선운사
이끼 품은 고목들 사이
선홍의 슬픔으로 어우러진
상사화를 보러 가세요

핏빛 꽃술에 귀를 묻고
꽃이 주는 한 마디를 들어보세요
바람으로 흩어져 간 아득한 세월 너머
그리움의 얼굴을 만나 보세요
어쩌면 우리들 중
그런 인연으로 살아가는 이
한 둘이 겠는지요
마음 안에 상사화 키우며
아무도 몰래 그리움의 연가를 부르는 이
어디 한 둘이 겠는지요.

민들레

먼 산에 비 그치고 산철쭉 필 무렵

밭두렁 쑥밭 아래 다소곳이 앉아서

눈길 주는 이 없어도 제 신명에 웃는

봄볕 안고 수줍은 아씨 민들레를 아시나요.

패랭이 꽃 2010年 作 Water Color 33.3×21.2cm

하얀 노래 2011年 作 Water Color 33.3×24.2cm

찔레꽃

하얗게 기울은
너의 한쪽 어깨가
하늘빛 개울물에 젖는다
삶이거나 사랑
혹은 귓볼을 스치는 바람에
덧없이 흘러가는 봄날
저무는 하룻날의 덤불숲에서
문득 가슴 검은 도요새가 울고
하얗게 흔들리다 물 위로 흩어지는
네 눈길을 보노니
가는 봄을 울지마라
저무는 날을 하얗게 울지마라.

가을 갈대

가을 강이 하늘을 씻어
푸르게 걸어놓고 흐를 때
그 속에 나를 벗어 담그면
우리는 비로소 오랜 기억의 창고에서
먼지 묻은 추억을 하나씩 꺼내 그 물에 씻는다
아무리 빛바랜 것이어도
가을에 생각나는 것들은
더우기 그곳이 강변이라면
그리움으로 서럽고
서러워서 아름답다

강물이 흘러 바다로 가고
하늘에 걸리는 그리움의 모습이라면
그 기슭에 그림자 드리운채
물길 따라 흘러가지 못하고
메마른 웃음으로 손 흔드는 갈대는
습기찬 개펄에 뿌리내리고 섰는
우리의 모습이다

사람이란 혼자일 때 외롭고
둘이어서 안타깝고 슬프다는 걸
알아버린 나이
그때가 더더욱 가을이라면
침묵으로 저물어가는 강변에서
바람에 온몸 맡기고 서걱이는
마른 잎 갈대가 되는 것이다.

河口 2011年 作 Water Color 53.0×45.5cm

코스모스

같은 땅을 딛고 같은 하늘을 이고 서서 같은 이름으로 태어나
바람 한 자락이라도 언뜻 스치면 어떤 놈은 빨간색 어떤 놈은
하얀색 어떤 놈은 분홍색으로 흔들리는 이유는 세상을 좀 더
여러 빛깔로 아름답게 보라는 그들의 뜻일테고 가을이면
생각나는 멀기만 한 고향 보고 싶은 얼굴이 빨갛다가 하얗다가
분홍색으로 가슴을 채워오는 그리움의 분신- 아아, 코스모스!

코스모스 2004年 作 Oil on Canvas 40.9×31.8cm

꽃님 前上書

問

安 알외옵고

환절日氣不調일기불조하온데 기 체후 一行萬安일행만안 하옵신지 向念향념 간절 하오이다. 日前일전 남녘으로부터 봄소식이 들린다 하였더니 잊지 않으시고 이 山河산하를 다시 찾아 왕림해 주신 님의 고운 자태에 황공 感泣감읍 하였나이다. 未擧미거 무례한 惡戱악희를 격노하지 않으시고 오히려 위로 격려 하오시니 그 지자 하옵심 사모쳐 고개 절로 숙여 지더이다. 곱고 香氣향기로운 님의 따뜻한 心氣심기에 보답치 못하오며 河海하해같은 은혜에 도답치 못하온 不忠불충 측량할 길 없사오니 春夜三更춘야삼경에 몰아치는 風雨풍우가 未擧미거한 筆夫필부를 벌하는 天氣천기의 뜻인가 하여 몸둘 바를 모르겠더이다.

日前일전 잠깐의 山行산행길에 님의 자태 一瞬일순 뵈옵긴 했사오나 자주 찾아 문안 알외지 못함이 情禮정례의 인사가 아니 온지라 通迫通迫통박통박 하오이다. 이곳 한날 愚昧우매한 筆夫필부는 蟄居人칩거인이 되어

밤이면 北斗북두나 올려보다가 애꿎은 穀茶곡차나 주기며 앉아 그간의 세월을 流水유수로 흘러 보내고 왔사온데 준행 어언 春節춘절이 저물어 가고 있으니 須讀五車書수독오거서하고 天理천리를 깨우치며 日月일월을 불러 노닐고 부나비 더불어 님을 영접하는 風流男兒풍류남아의 뜻이 한낱 都會地도회지의 石屋석옥에서 貧困빈곤한 心氣심기나 주기며 엄살을 떨고 앉았으니 마음 안에 春花춘화가 滿開만개키는 아직은 요원한 一夢일몽인가 하옵니다.

온순빙심이옵고 숙덕정전하옵신 벗님,
하오나 뜬구름이 잠시 日月일월을 가리었다 하오면 반드시 걷힐 때가 있사올즉, 그때까지의 기다림이오며 어려움이옵기는 하오나 봄날 범나비 같은 風流男兒풍류남아의 日月일월은 가는 해 오는 날에 구름 걷힐 날 없사오니 오는 날 지는 해가 昏昏鬱鬱혼혼울울 하올 뿐이옵니다.
萬事만사가 天心천심이오니 筆夫필부의 日任일임은 修身수신하며
참을 것과 주먹 쥐고 기다릴 뿐인 것을 아오나

시시로 마음 안에 惡鬼악귀가 찾아와 마주하던 님의 맑고 고운 향기와
미소로움을 亡失망실하고 筆夫필부의
貧寒빈한한 心氣심기는 멀게 뜬 浮雲부운과 비길 때 없으니 저 門문 밖
風雨풍우 맞고 선 裸木나목과 같사옴을 헤아려 주옵소서. 비록 筆夫필부가
방종은 하되 행패하온 일은 없사온즉, 天性천성은 惡人악인이 아니오나
雜氣잡기에 多情다정함이 病병이오니 괘념치 마시옵고 거두어 살피소서.
어느덧 비도 그치고 바람도 잔듯하니 四方사방은 교교할뿐이온데
지나간 비바람에 님의 고운 자태 어지러울까 염려되오나
가까이서 뫼시지 못하고 멀리서 筆舌필설로만 安否안부 전하는
筆夫필부의 心中심중은 下情하정에 지극창모로 소이다.

다만 지필로 장황요설을 불어놓아 비바람에 지친 벗님의 心會심회
어지러이 뫼신죄 천만천만 무섭사오나 은혜로 관용하소서.
알외올 말씀 下感하감하옵심 젓사와 이만 줄이옵고 다시 뵈옵고 深香심향
주실 그날까지 내내 기후만안 하옵기를 앙망 하나이다. 총, 총.

雨日春夜

愚友 達五　上書

접시꽃 2003年 作 Oil on Canvas 45.5×37.9cm

붉은 늑대의 외출

아침을 위한 노래

느린 우체통

누구였을까
사랑하여 그리운 이에게 혹은
미움으로 남아 있는 사람에게 보내는
한통의 편지를 1년이 지난 뒤에 배달해주는
우체통을 처음으로 만든 이는
경기도 포천지 명성산 억새밭
서해안 영종대교와 거제도 거가대교 난간
울산시 서생면 간절곶 언덕
청산도 범바위에 바다를 딛고 서면
빠알간 코트를 걸치고 섰는 우체통이 있습니다
소중한 이에게 보내는 마음을
온 밤을 꼬박 새워 한땀한땀 써 가던
들꽃 향기 같은 귀한 마음 다 어디로 가버리고
쉬운 것 빠른 것만 찾아가는
척박하고 미망한 이 시대에 살더라도
한동안 시간을 잊는 걸음으로 배달되는
느림의 美學을 알게 해준 사람은.

쪽배

동백꽃 뚝뚝 지는 늦은 봄날
황사黃砂 실은 어둠은 낙진처럼 도시를 덮고
새들도 겨드랑이에 부리를 묻고 잠든 시간
인생이 슬프단 걸
삶이 외롭단 걸 모르는 이들과 섞여 앉아
소주燒酒를 마시고 돌아오는 길은
뒤숭숭한 뱃속만큼이나 고단할 뿐
하나 둘 꺼져가는 아파트 불빛 아래
흔들리는 그림자 밟으며 계단길 올라갈 때
안개 바람에 몸서리치며 은사시나무 잎새는 나부끼는데
아, 나는 끝없는 외로움의 바다를 떠도는
항로航路를 잃어버린 쪽배가 된다.

아침을 위한 노래

새벽별이 기울면
어김없이 해가 뜨지만
아침이라서 결코 해가 뜨는것이 아니다
여명이 밝아 온다는 것은
또 한번의 해가 뜬다는 것이고
그로부터 새로운 하루의 아침이 시작되지만
눈부신 햇빛에 잠시 취했다가도
한번쯤 생각을 되돌려 보면
그것은 결코 희망이 찬란하여
삶도 빛나는 것은 아니라는 것이다
따지고 보면 너나 나나 우리모두
마음대로 살아지지 않는 삶의 하루들
그 삶의 흙탕에 주저 앉아
통속의 바람앞에 속절없이 무너지는 만신창이 영혼
그 시간의 너머에서 어김없이 새날은 밝아오고
그래도 해뜨는 이 순간은 오늘의 아침
도시의 가로수 숲속에서 문득 들려오는
새소리며 바람소리도 오늘의 노래
나날이 이어지는 재미없는 시간속에
어짜피 황폐해지기는 매 한가지 지만
희망이 있으므로 내일이 있고

내일을 기다리는 마음 안에 삶은 빛난다
겨우내 묵묵히 모진 바람 맞고 섰다가
눈부신 꽃망울로 해마다 봄을 일러주던
울타리 너머 저 벚나무 잔가지처럼.

고요 2010年 作 Water Color 53.0×40.9cm

석釋씨 친구

가을비 내리는 휴일 저녁답
곰삭은 시간을 안주 삼아
낮술에 젖어갈무렵
어린 날 한 시절을
함께 뒹굴던 옛친구
석釋씨가 되어 중생친구를 찾아
검정 고무신 적시며
산에서 내려왔네

하안거를 마치고 온 맑은 이마와
풀먹인 목소리는 쟁쟁하지만
내눈에 비친 네 회빛장삼은
창 밖 낙숫물 소리에 젖어 보일 뿐
네 못다 삭힌 사바의 뼛소리며
속세의 진창에서 허우적대는 내 엄살까지
세상은 이렇듯 한 모습이 아니구나 친구야

내가 산에 가고 싶어도 갈 수 없듯
네가 산에서 내려 오고 싶어도 내려올 수 없는 것이
우리에게 할당된 이승의 몫이라면
내가 산에 가면 네가 반겨주고
네가 속가에 내려오면 내가 맞을 밖에는

너는 이제 날 밝으면 산으로 가고
나는 다시 도시의 거리로 나서야 하지만
아아, 네 눈빛 속에 부처가 있건 없건
솔바람에 풍경소리 있는 것만으로도
향기롭고 귀한 나의 친구여.

변두리의 밤 2004年 作 Oil on Canvas 40.9×31.8cm

늦은 귀가

겨울 하늘 휑하고 어둠이 구석구석 자리를 펴면 어느새 세월이란 걸 깨닫고는 부르르 몸서리 쳐지지. 씨알머리 없는 흰소리들을 안주삼아 심심한 소줏잔을 털어넣고 터덜터덜 들어오는 아파트 어귀에는 각진 세월의 불빛이 처연하고. 문득 어두운 화단 한켠에서 밤 공기를 사그락거리는 비닐봉지의 얇다란 소리를 듣고는 참, 쓸쓸한 풍경이래도 할 말은 없어. 엘리베이터 버튼을 누르고 잠시 기다리는 동안 또 보았어. 오른쪽 건물 그 너머 나무벤치엔 밤서리 어느덧 촉촉할 것이고 그래도 과연 누가 있어 이 밤을 정면으로 견뎌낼까하는 생각…… 거리마다 사연이 뒹군다는 노랫가사는 제법 그럴듯 하다는 생각을 하고 있을무렵, 어둠은 자기네들끼리 수군대다가 엘리베이터 문이 열리고 닫히는 사이 내 표정을 힐끗 본 듯했어. 물론 나도 그들을 못본 채 외면 했었지만.

히말라야 흙먼지로

히말라야 산중 어디쯤
등산 오는 사람들 말상대나 해주면서
국밥이나 팔며 살아볼까
그나마 아무도 없을라치면
심심해서 너무 심심해서 돌탑이나 쌓다가
그래도 심심하면 산에 한 번 올라가
질리도록 무성한 별보다 잠이 들고
날 새면 아득한 산 아래를 내려다보며
오줌발 시원하게 한 번 갈기고 나서
털털 털고 내려와 국밥을 끓여볼까
장작불 펄펄 끓는 아궁이 앞에 앉아
오카리나 한 곡조 불어 재끼고
목구멍 화끈한 배갈 몇 잔 하는 것도 좋겠지

산 아래 두고 온 사랑과 미움
하고많던 헛맹세와 오욕의 나날
인간사 부대끼던 부질없는 세월을
화알 활 뜨거운 장작불로 다아 태워버리고
사랑이며 미움, 미련 따위의 설익은 인연들은
히말라야 기슭 만년설 아래 꼬옥 꼭 묻고
한줄기 바람 같은 부질없는 목숨
있는 듯 없는 듯 안개처럼 살다
한 줌 황톳빛 히말라야 흙먼지 되어
풀석풀석 날리며 떠나는 그날
엷은 미소로 하늘 보며
아름다웠고 고마웠노라는
한 마디면 족하리.

능선에서

산을 오르며 우리가 본 것은
억새잎 버석이는 마른 능선과
제각각 살아가는 가혹한 모습이었다

가쁜 숨 고르며 앉아
바위에 부서지는 햇살 보며
귓등을 핥고가는 가을바람 맞을 때
우리는 본다

저 아래 계곡에 엎드린 돌들은
그들만이 겪어 온 풍상만큼이나
그리움으로 더욱 단단해져 가고
골마다 쌓여 온 안개와 바람들도
제각각의 빛깔과 말씀들로 깊어 왔음을

안개 속에 웅기중기 서 있는 봉우리들도
지나간 시간들의 사연들을 여닫고 있지만
우리가 저곳에 올라본들
작고 여린 인간의 무망한 욕심이거나
발 아래 놓인 세상을 잠시 잊는다는 것
그 이외 달라질 것 무엇 있으랴
두고 온 저 아래 인간의 마을은
우리가 없어도 온갖 사연과 음모와 배신
혹은 믿음과 사랑으로 뒤엉킨 채
밤이면 휘황한 불빛으로 번성할 것인데

능선길을 지나
키 낮은 산죽山竹이 보이기 시작하면
머지않아 정상의 얼굴을 보게 될 것이고

우리가 올라온 이 능선을 내려다 볼 것이지만
우리는 안다
우리가 오르는 건 산이 아니라
산 속에 머무는 적요한 시간이며
지금 이 순간 턱까지 차 오르는 뜨거운 숨결보다
그보다 오히려 산 아래서 겪어 온
치열했던 삶의 하루하루가
더 숨차고 가파른 고비였음을.

계곡　2010年 作 Water Color 33.3×19.1cm

붉은 달

우리도 한 때는 화알 활 타오르던
눈부시게 아름다운 불꽃이었지
지금은 추억들 마저 쉴 곳을 잃고
은밀한 곳에 스스로를 묻어둔 채
허접한 몰골들로 펄럭이고 있지만
기억하는가 마른 짚단처럼
젊음이 풀석풀석 스러지던 어느 날
겉으로 내보이지 않아도
우리 안에 흐르는 고귀하고 맑은 소리와
그다지 많이 남지 않은
명료한 감성의 샘물들을
퍼 담아야 한다고
가슴안에 품어 꽃을 피워야 한다고
은밀히 약속하던 그 붉은 날의 오후를
하지만 속절없이 기울어 가는 이 퐁진 나날은
노을 한 귀퉁이도 감당하기도 전에
벌써 날은 저물고
잔인하게 죽어 간 시간들과
그들과 함께 잊혀져간 이름들로하여
사정없이 등허리가 시려옴을 어찌랴
그러나 아아, 지금은 다만

모두가 떠나 버린
폐광촌의 퇴락한 풍경 너머로
붉은 달이 떠오른다.

불꽃 2012年 作 Water Color 40.9×31.8cm

하늘 그리기

하늘이 많이 깊어졌어
가을이야
햇살드는 언덕쯤에 앉아 하늘 한 번 그려 봐
캔바스는 마린으로 준비하고
(미디움 그레이)와 (마린 블루)를 섞어
터치가 부드러운 디자인 붓으로 밑칠을 한 뒤에
(아쿠아 그린)과 (프렌치 버프) 그리고 (시이걸)을 뽀삐에 타서
과감하고 민첩하게 덮어주는 거야
그리고는 구름은 핑거터치로
(오우텀 그레이)와 (바이오렛) 그리고 (파스텔 핑크) 다 좋겠지
(다크)계열이나 (샵그린)은 너무 칙칙해
그러면 마음도 어두워지니까
(번트 시에나)와 (레몬 옐로우)를 살짝 버무려
엄지와 중지 혹은 손바닥으로
마음이 가는데로 뜻이 있는 곳으로
쓰윽 쓱 부드럽게 혹은 힘차게 문질러 봐
하늘이란 게 원래 그렇잖아
햇살만 있는 것이 아니라 그늘도 있고
내 이마에 닿아 있지만 아득히 먼 곳도 있어
오래오래 바라보면 눈물이 나잖아
그러므로 그리운

그래서 이름이 하늘이 잖아
마지막으로 노을은 (오리엔탈 레드)와 (마다가스칼 핑크)로
하이라이트는 너무 튀지 않게 (아이보리)와 (캔디 라이트)로 마무리하고
마트나 액자 혹은 유리 속에는 넣지 마
그러면 하늘이 그 안에 갖혀 버리잖아
이제 한번 멀찍이 서서 당신의 하늘을 만나 봐
비록 작으나 당신이 만든 하늘
당신 품에 들어 온
그것도 눈부시게 빛나는 10월의 가을하늘을.

노을 2007年 作 Pastel on Paper 53.0×45.5cm

노란 별에 관한 사색

꿈꾸듯 흔들리는 해바라기
밤하늘 별들마저 노란빛으로 채우던
노란색의 천재 화가 빈 센트 반 고흐
가난했던 그가 즐겨 마시던
압생트라는 싸구려 위스키에는
테레빈이란 화학물질이 있어
온갖 것들이 노오랗게만 보였다는
숨겨진 비밀을 아시나요
귀먹은 베토벤이 월광 소나타를 빚었듯
절실하면 채워지는 것
그리움도 절실하면 찾아오는 걸까요
삐꺽 이는 다락방 작은 창문 너머
흔들리며 승천하는 보리밭
그리움 너머 노오랗게 빛나던
황시증에 걸린 고흐의 별빛처럼.

허수아비의 노래

새들 둥지를 찾아 저 저이 떠나고
바람이 달빛을 흔드는 밤
양팔을 곧게 펴고 반듯이 누워
가만히 눈을 감으면
누군가가 내 이름을 낮게 부르더라

누구던가
그대
회색의 저문 들녘
그림자 끌고 터벅터벅 걸어와
낙엽 베고 누운
허수아빈가

찬란했던 햇빛
폭죽처럼 터지던 그 꽃들 모두
열매거나 씨앗 속으로 들어가고
껍중이로 남아 흩날리는 빈 언덕
목덜미 스치는 찬바람에
부르르 몸서리치며 홀로 누워
새잎 돋던 양지밭 범나비였던
눈부신 그 시간을 추억하기엔
꽃비 내리던 그 봄날
망실한 기억이 너무 춥구나.

하루

아십니까
우리가 하찮게 보내버린 이 하루는
어제 떠난 사람이
하루만 더 살게 해 달라고
간절히 바라던
바로
그
하루라는 것을요

햇살 아래 말없이 핀
이름모를 풀꽃
귓볼 스치는 맑은 바람
이웃들의 도란도란 웃음소리 들리는
이 하룻날이
얼마나 고마운지요

아무리 산새 좋은 산이라도
오래 걸으면 지치고
나이들면 아픈 게 순리듯이
약해지면 시름이 덤비고
되먹지 않은 어둠이 덤비는 법,

그래도 어쩝니까
피하지 말고 두려워 말고
시름이며 어둠을 친구 삼아
하루를 귀히 쓰며 쉬엄쉬엄 가 봅시다

오후의 햇살이 아이들 어깨에
머물러 놀고 있습니다
아이들 웃음에 얹힌 햇살은
황금빛으로 찬란합니다
그렇습니다 오늘은
축복받아 마땅한
황금빛 하룻날입니다.

붉은 늑대의 외출

그리움에 관한 몇가지 형상

시간의 덧문을 열었다가

초여름날 해거름녘
시간의 저편 그 덧문을 열고
한 시절 어린 날 내 살던 동네
골목길 어귀를 찾아가 보았네
이맘때쯤 들어서면
왈칵 다가들던 된장국 끓이는 냄새와
어지럽던 담벼락의 낙서의 흔적을
두리번 두리번 찾아보다가
칠이 벗겨진 노란 대문과
그 곁에 그늘 주던 오동나무는 베어지고 없고
그 가지에서 재잘대던
텃새들이 저저이 흩어져 갔듯
왁자하던 아이들 어른되어 떠난 골목은
정적에 덮인 채 흙먼지만 날리고
제멋데로 자라 어깨 내민 무화과 곁가지만
무심한 눈길로 내려다 볼 뿐

아득한 기억의 저편 골목길 돌아
세월의 그림자 밟고 서서
희끗한 귀밑머리 쓸어 올릴 때
물안개로 젖어오는 눈가를 다스리며
허랑한 가슴 한 켠 녹슨 자물쇠로
되돌릴 수 없는 시간의 덧문을 다시 채웠다.

보내지 못한 편지

어제는 모처럼만에
가을비 추적추적 내리는 자갈치 시장 부근
선창가의 포장마차에 앉아
소주를 마셨네

밤비가 내려서
가슴이 젖어
하룻날 저물도록
잃어버린 것 밖에 없는 목덜미에
가을이 스며들어

이제는 멀어져 살아
안부조차 묻기 힘든
자네들의 얼굴들이
보고 싶었네

사는 일이
어디 뜻대로만 되는 것이냐고
사랑이 무어냐고 물으시냐고
잊어버려, 마셔버려
벌겋게 취한 채 술잔 권하는
이웃자리 소리들을 귓전에 들으며

안개 같은 비를 멍하니 바라보았더니
밤 물결 속에서 맞은편 불빛들이
눈물처럼 남항에 어른대고 있었네.

나의 세월은 어디쯤 흘러가고
자네들의 세월은 어느 물굽이를 돌아
어디로 흘러가고 있는지
자네들은 어디에서 이 밤비를 맞고
어떤 얼굴들로 살고 있는지
곱고 철없던 그때의 얼굴들이
목마르게 간절했네

다만 그때의 무지개와
별을 보지 못하고
소줏잔 속에 비친 내 얼굴을
무심히 바라보며 한참을 앉았더니
우리네 청춘
그 꼬불 꼬불한 길을 다 따라온
자네랑 그놈들의 너털웃음이
마지막엔 흐느낌으로
변하고 있었네.

백조 다방

광복동 어귀 우동골목 맞은 편
바닷바람 밀려 오는 골목길을 들어서면
한 시절 젊은 날 우리들의 오아시스
백조다방이 있었지
큰길 건너 자갈치에는 끼룩끼룩 갈매기 날고
양산박 가오리무침에다
막걸리 몇잔 걸치고서
눅눅한 계단을 털레털레 내려서면
자욱한 담배연기 물안개로 가라앉은
흐득이는 풍경 그 너머로
늑골을 파고들던 adagio
오오, 무반주 첼로의 실내악
폐부 깊이, 마치 대마초라도 들이킨 양
등 깊은 의자에 몸을 맡기면
저 문밖의 독재도 민주도
머잖아 파도처럼 몰려 올
생존의 시퍼런 칼날 조차도
파가니니의 바이올린 현줄에 잘려 나가고
침묵의 지혜를 일찌기 알아버린 선남선녀들은
어느새 백조 등에 올라 탄 황제가 된다
아마데우스가 천장을 휘젓고 간다 했더니

근엄하신 바흐가 치마 속을 힐끗 들여다 보고
때로는 스트라우스 부자가
번갈아가며 바람끼를 부채질하는 사이
라흐마니노프께서 뒷통수를 후려 쳐 오는데
생머리에 화장끼는 없어도
이쁘기만 하던 백조 아가씨가
말하지 않아도 수시로 채워주던
아흐 따끈하기만 하던 그 보리차
건너편 목마화랑에서 파장하고 들어서던
그림쟁이들 왁자함으로
이따금 몽환의 선잠에서 깨기도 하지만
한 소절의 소나타가 채 끝나기도 전에
풍만한 감성의 수첩들을 하나 둘 꺼내놓고
우아한 백조의 흰 날개를 흐득이곤 하던
아아, 눈부시게 젊었던 나날
끊임없이 우수수 떨어져 쌓이던 낮별들로
황제의 왕국을 건설했던
그날의 백조들은 지금 다 어디 갔는가.

雪國 2011年 作 Water Color 33.3×19.1cm

하얀 기다림

새벽녘 잠속에 찾아와
머리맡에 마른 꽃잎을 들고 섰던 사람
불러 줄 이름조차 아주 멀어져
희미해진 그 얼굴 낮달로도 뜨지 못하면
그때는 어찌하나
속절없이 세월은 가고
몸이 늙듯 마음도 지쳐 가지만
사랑하는 이여
설령 당신이 내 마음의 물결 지는 강변
쪽배가 흔들리는 나루터를
영원히 찾아오지 않는다 해도
내 하얀 기다림은 끝나지 않으리.

시골역의 해바라기 2012年 作 Water Color 40.9×31.8cm

그리움에 관한 몇가지 형상

별이란이름으로밤하늘에걸려있는형상화된그리움의덩어리

덧 하 외 노 해 시 떠 네
없 늘 로 랑 바 골 난
이 에 이 게 라 역   풀
흘 는 피 서 기   아 피
러 흰 더 서   작 버 리
가 구 라   가 천 님 를
는 름   바 슴 정 이 불
데   간 람 을 물 앉 고
  살 월 소 열 위 아 있
내 던 산 리 면 에 서 다

바다는그리워서흔들리는새파란가슴.

그대

아득한 거리
멀었던 시간만큼이나
깊은 눈빛
한 시절 곱기만 했던
봄날이던가
나도 모르게
내마음을 가져간 사람
강 넘어 섰는 거리는 아득해도
나는 이제 그대 없인
아무 것도 아닌 것을
그대의 긴 그림자
안개비로 젖어와
강가의 기슭에 걸리면
나는 빗살 진 강을 건너
그대의 맑은 웃음이
홍매화 한 다발로 피어나 흔들리는
언덕을 오른다
아아, 이제는
그 고운 머릿결 만질 수도
가까이 갈 수도 없지만
내 사는 날까지
벗지 못할 허물로 남아
내 안에 함께 사는
그대여.

장파리 유감有感

강물 흐르듯 세월이 가고
강을 먹고 아이들이 크지만
비가 오지 않는 날도
장파리 하늘은 언제나 灰色이다
강 건너 버려진 땅
민통선 잡목숲
지뢰들은 녹슬어 가고
확성기 소리에 놀란 들새들만
철책 너머로 오갈 뿐
침묵을 먹고 자란 억새들이
하얀 꽃을 피워 놓았다

달이 기울고
별빛마저 스러져가는
인적 없는 리비교橋
초병들과 밤 지새운
수은등 불빛은 사위어가고
밤새 남북을 떠돌던
임진강 갈대 바람은
장단벌 너머 서해로 갔을까

흰 눈이 내렸다 녹고 새잎이 돋고
그리움으로 몸이 아픈 노인들이
길고 긴 흉년의 옷을 빨아
철조망 울타리에 널고 있을 때도
풀썩풀썩 먼지 날리며
군용 트럭은 강건너 비무장 지대로 갔다

말없는 강물처럼 세월은 흐르고
아이들이 커가고
계절 따라 물빛은 달라 가지만
장파리 하늘빛은
언제나 灰色이다.

* 장파리(長坡里) : 경기도 파주군에 위치한 임진 강변의 작은 마을, 리비교라는 이름의 다리를 건너면 휴전선과 인접한 비무장 지대이며 한국전쟁 당시 남하한 실향민이 많은 마을임.

산에 가서

산에 가서
억새밭에 이는 바람
그놈들 껴안고 살꺼나

산에 가서
배고프면 꽃 따먹고
꽃에 취해 잠들다가

별빛 푸른 밤
하늘 올려다 보면
입가에 번지는 미소
그런거나 길들이며 살꺼나

버리고 온 세상의 안부
그리움 따위로 서러워지면
가슴 안에 이는 번개
지심으로 다독이며

수줍음 엄살 다 버리고
마음도 벗고 맨몸으로
가벼웁게 살꺼나

산에 가서
내 안의 나를 버리고
꽃을 품고 누워
홀로 뜨거워 질꺼나.

간월산 계곡 2012年 作 Water Color 40.9×31.8cm

귀

사람이 살다 이승을 떠날 때
육신의 온갖 기능이 서서히 사그러 질 즈음
맨 나중에 죽는 것이 귀라는 걸 아시나요
임종의 마지막 순간
마음 안에 남아있는 그 무엇
아마도 그것은
그립고 소중한 사람의 목소리라도 듣기 위한
간절한 소망 때문이 아닐까요
늘상 당신은
귀를 열고 살지만
소중하고 그리운 한 사람
목소리 들으며 살고 있나요.

희망을 추모하며

술병 쓰러진 탁자 위에
옥수수 수염 같은 머리카락 적시며
잠들어 있던 버지니아 울프
사그라진 희망 혹은
회색의 기억 저편으로
그녀가 떠난 지도 이미 오래
에너벨리는 늙어서 할머니가 되고
반딧불이 같은 파란 눈의 그 소년은
아무도 쳐다보지 않는 거리의 늙은 악사
허접 쓰레기 같은 세월은 흘러
속절없는 봄날은 그렇게 가고
황진을 몰고 오는 바람 맞으며
밀랍같이 굳어버린 얼굴들만
낯선 거리를 오가고 있다
문득 뒤돌아보면 아무도 없고
대책 없는 바람조각들만
휴지처럼 뒹구는 난간 위에서
발길 멈추고 올려다본 하늘
끝간데 없는 눈길 너머로는
오직 암회빛으로 퇴락한 구름 밭일 뿐,
아, 언제였던가

나릿빛으로 햇살 내려앉던 그 봄날
찬란한 희망으로 가슴 부풀어
눈물겹던 그날은.

황사의 밤 2011年 作 Oil on Canvas 53.0×40.9cm

황보씨네 자취방

지금은 먼 곳, 옛 모습 없어진
한 시절 내 잠들던 방, 바람 불던 골목
스물두살 무렵인가 막걸리로 배 채우고 들어서던 모퉁이
이제는 찾아가도 볼 수 없는 그 얼굴들
청년의 외로움과 추위를 친구 삼던
보건소 다니던 황보씨네 문간방,
술병들고 찾아가면 반갑게 맞아줄까
초등학교 다니던 일근이는 헌헌장부가 되었을 테고
허구헌날 부스스하던 일근이 엄마는
환갑을 훌쩍 넘긴 할머니가 되었겠지
회색으로 사그러들던 하루하루와 자욱한 담배연기
언제나 허기져있던 백열등 불빛
외상 술에 찌든 대학생활, 두고두고 누추하던 실연
굳이 돌아 볼 겨를도 없이
기억의 서랍 속에 쳐박아두고 지내 온 나날들
그러나 그리워라
쪽마루에 햇빛 쪼며 나란히 앉아 듣던
조평원군의 클래식 기타 소리
허공에다 시를 적어 술잔에 띄워 마시던 인철이
게으른 놈들이라고 욕질을 해댔어도

대파 숭숭 썰어 넣은 라면냄비 들고오던 병열이
그들은 지금 어디에서 어떤 얼굴로 늙어가며
이 겨울바람에 펄럭이고 있을까
삶의 강변 어디쯤으로 흘러가고 있을까
뒤돌아보지 않고 걸어 온 세월
채 채워지지 않은, 그러나 아름다워라
내 아직도 그리움의 향기로 그들을 기억하므로.

별

별 지는 곳에 누가 사는지
그리움이란 이름으로 남아있는
그들이 보고 싶어 집니다
새들도 둥지를 찾아 저저이 흩어져 간
바람 맑은 가을밤
꼬리별 길게 지는 언덕에 서서
당신들이 계실 그 먼나라
너무 멀어서 푸르른 별을 바라보면서
언젠가 나도 찾아 갈 그 별을 생각합니다
언젠가 나도
그리움으로 별을 바라 볼 이에게
저렇게 푸르러서 빛나는 이름으로
남아있고 싶습니다.

별 뜨는 나라 2008年 作 Acrylic on Canvas 22.1×16.6cm

붉은 늑대의 외출

늑대

자작나무 머리 풀고 밤새 우는 시베리아
묘비 없는 무덤 위로 검은 비는 내리고
램프 심지 태우며 보드카에 취해 자던
수염 붉은 사내마저 떠나버린 빈 오두막
덜컹대는 문짝 찢어지는 억새 바람
허기져 지친 발길 어둠으로 돌릴 때
멀리서 들려오는 얼어 굳는 강물소리
몸서리치는 등허리에 바람마저 길을 잃고
비 한번 더 내리면 속절없이 겨울인데
새 한 마리 날지 않는 여기서 무얼 하나
먼길 떠난 어미는 알려주지 않았지
목숨이란 어느 봄날 무지개로 피어나
바람 부는 들판을 허허로이 떠돌다가
눈보라로 흩어져 홀로 가는 것이란 걸
내일 밤 비 그치고 달이라도 떠오르면
쑥대밭 헤쳐나가 사방 넓은 큰바위에
바람 부는 빈 하늘 별 그림자 딛고 서서
바늘 같은 외로움 붉은 털로 곧추세워
차가운 달빛 찢어 핏빛으로 울리라.

붉은 늑대의 외출

주인께서 나를 걸치고 나가면
거리는 술렁인다
칼날 같은 겨울 바람 앞에도
나는 언제나 당당하다
지금이사 내장도 들어내고
날카롭던 이빨도 없는
한낱 털가죽 반코트지만
한때는 광활한 시베리아 드넓은 초원을
바람처럼 내달던 붉은 늑대
나의 이빨과 발톱에 피흘리던 짐승들
나에게 목숨 맡겼던 그들의 눈빛이며 울부짖음이
지금이사 빛바랜 추억으로 남았지만
아직도 이 세계엔 서열이 있지
밍크나 족제비 여우 따위가 흐흐
제아무리 쭉쭉빵빵 여체를 휘감고서
으시대며 호사를 누린다해도
주인님의 어깨에서 허리까지를 장식한 내가
보무도 당당하게 거리를 나설라치면
꼬리를 내리고 시선을 내려까는 그들 앞에서
나는 아직도 나의 구역을 준엄히 다스리는
어험, 붉은 털 휘날리던 광야의 주인
전설 속의 그 황제인 것이다.

늑대의 가을

– 天刑의 孤獨

밤마다 머리 풀고 자작나무 숲이 울더라
둑 너머 자욱히 물 넘는 소리
묘비 없는 무덤 위로 비는 내리고
쑥대풀은 우거져 산발로 흩어지는데
안개숲 너머 신새벽이 걸어올 무렵
한마리 늑대가 발목 적시며
불꺼진 마을을 들어 서 보지만
목덜미를 파고 드는 시린 바람은
밤마다 무너지던 희망을 들썩 일뿐
아무리 둘러봐도 인적은 없고
주린 배를 채워 줄 무엇 하나 없는데
모두가 떠나버린 빈 마을 너머
허랑한 바람떼만 억새밭을 쓸고 간다.

늑대의 겨울

바람의 나라 북만주
진눈깨비 겨울비는 몇 날째 내리고
허기진 나날 주린 배를 달래가며
텅 빈 들판을 어슬렁거리다
그 비를 다 맞고 나서야
가난하게 웅크린 인간의 먼 마을
희미하게 새 나오는 남포불빛 따라
허랑한 발걸음 옮긴다
슬퍼서 깊어진 내 눈빛을
사람들은 무섭다고 하지만
뼛속으로 파고드는 한기에

대책 없이 부르르 몸서리쳐도
누구하나 거들떠보지 않는
천형 같은 고독을 그 누가 알랴
그나저나 오늘밤은 어디에서 먹이를 구하고
찾을 길 없는 어미 품을 그리며
바람 덮고 웅크린 채
시린 코 처박고 잠들어야 하나
지평선 너머로 시커먼 먹장구름은
꾸역꾸역 속절없이 몰려오는데.

눈길 2010年 作 Water Color 53.0×33.3cm

사내 둘

– 맑은 눈의 사내와 숫늑대

얕은 물에도 물고기가 살고
깊은 물에도 물고기가 산다

사는 곳은 다르나
나름 데로의 삶의 방식은 엇비슷하다
물 속에서 숨 쉬고 먹이를 구한다

도시의 한복판에서
먼지를 뒤집어 쓴 사내와
엊그제 다녀온 금산사의
너무 맑아 코끝이 시리던 새벽공기
그 숲속에 서있던 사내는
분명 같은 사내인데
왜이리 다른 얼굴일까

그는 어디 갔을까
맑은 눈 들어 숲을 보던 그는
퇴락한 서정이 춥고
일상에 찌든 충혈된 눈의 사내는
도시의 늑대가 되어
골목을 서성이고 있을까

금산사 숲속을 걷던 사내를 찾아보지만
매연에 부황난 하늘 아래
아무리 둘러봐도 그 사내는 없다
저저이 떠나가는 시간들과
발걸음 재촉하는 어둠만이
다만 그를 에워싸고 있을 뿐.

붉은 늑대의
외출

담여정 연가

담여정憺如亭 연가

개나릿빛 햇살 지고
텃밭 가에 앉았던
작은 종다리 한 마리가
뒷산 터줏대감 산다람쥐 소리에
하늘이 되어 푸드득, 날아오릅니다.

겨우내 숨죽이고 엎드려 있던
앞마당이 연둣빛으로 분주하고
석축 아래 작은 웅덩이에는
언제 다녀갔는지
어제만 해도 보이지 않던
한움큼의 도룡농알이 담겨 있습니다

이곳에 있으면
시간이 더디게 흐릅니다
산너머 바깥세상과 안부 일랑은
아랫골짜기 닭울음 소리에
잠시 잊어도 좋습니다

곤달피 둥굴레 미역취나물을
구별할 줄 안다면
막걸리나 두어 통 사들고 찾아 오시지요

상수리나무 가지 사이로
구름 흐르는 하늘을 만나면서
담여정 지붕 덮고 나란히 누워
두툼해진 취기에 실눈을 뜨고
당신과 나는 담담하여 행복해 질 것입니다.

* 양산 明谷 賞夏農園 담여정에서

수세미 2011年 作 Water Color 22.1×16.6cm

담여정에서

먼 산 눈길 주다
마음 누일 곳 없어
마냥 부끄러울 뿐,

이 세상 누구에겐가
그리움으로 남아 있다면
그 또한
크나 큰 罪가 되거늘

가을 하늘
푸른 별 아래
그냥 醉해 잠들다.

명곡明谷에서

푸른 달빛은 원효산 허리를 감아돌고
시린 시간 불러모아
무릎 세워 앉은 밤
겨우 내 바람매 맞으며
한 계절 인내하던
앞산 겨울나무들은
봄의 수액을 들여 마시며
내일의 햇살을 꿈꾸며 섰는데
마당 한켠 키 작은 연둣빛 들풀들도
고만고만 모여앉아
저만치 걸어오는 향기를 기다리고
자정을 넘기고도 서성이던 잠이
끝내 나를 불러 올 즈음
달빛마저 숨죽인 마당가로 내려온
작은 별 하나
소리없이 곁에 와 눕는다.

계곡의 그늘　2010年 作 Water Color 53.0×40.9cm

홀로 피는 밤꽃

해지고 어둡사리 묻어오더니
이내 달이 뜨네
온종일 분주하던 새들은 일찍 잠이들고
검은 옷을 입은 앞산이 일어서네
노오란 봄볕 속을
숨죽여 흐르던 내 안의 시냇물은
검은산 흰달빛에 흐득이네
마당 가득히 내려앉은
별들을 줏어 담아
꽃을 피워 올릴 즈음
멀리서 속삭이는 눈빛이
이 산속의 적막을 견뎌보라 하네
아무도 곁에 두지 않고
오로지 혼자서 견뎌보라 하네.

초저녁 별 하나

山이
제 그림자를 안고
마을로 내려간 이후

저무는 시간
해거름 딛고 선 나는
山香에 취해 집 잃고 떠도는
한 마리 벌이라
무리 지어 서걱이는 가을 억새만
바람에 온몸 맡긴 채
하얀 손짓을 하고 있다.

너무 멀리 떠나와 버린 걸까
내 쉴 곳은 어느 외진 기슭에 있고
산 그림자 내려 간 인간의 마을
두고 온 내 그림자는
어디쯤을 떠돌고 있을까

무너지는 노을 안고
먼 하늘 보면
때 이른 초저녁 별 하나
서녘에 떠 있다.

고요　2012年 作 Water Color 40.9×27.3cm

꿈

햇살 잘 드는 언덕
키 작은 소나무 한 그루 둘 것
탱자나무 낮은 울타리
그 안에 흙내 나는 작은 오두막
청자의 하늘과
저녁답에는 노을도 한자락 걸쳐 둘 것

물안개 슬리는 산허리에는
뻐꾸기 울음소리 감돌아가고
가재가 사는 작은 개울
밤이면 반딧불이도 와서 노닐게 할 것

별빛 내리는 마당에 누워
사근대는 댓잎 소리 들으며
달빛 이슬에 귀도 씻고
마음도 씻을 것

상추 쑥갓 소복한 텃밭 가에
앵두알이 발갛게 익어가고
채송화 백일홍도 같이 피게 할 것

무엇보다 내가
작아지고 고요해져서
처마 밑을 적시는 낙숫물 소리 들으며
더욱 깊어 질 수 있을 것.

다알리아

이슬 내린 마당
풀잎을 밟고 오는 바람을 보다
황금 비늘 같은 아침 햇살이
장독대 위에 얹힐 때
어제만 해도 몽오리로 서 있던
다알리아가 피어 있다
다알리아는 내 마음 안에 사시는
그분의 꽃
이른 아침 참빗으로 머리 감고
모시 적삼 정갈한 매무새로
정화수 얹은 장독대를 향해
기도 하시던 할머니.

별에게서 온 엽서

목덜미가 시리지요
가을밤이 깊어요
외롭고 힘드시진 않나요
그럴 때면 가끔
하늘 올려다보시어요
까만 하늘 끝간데 없는 어둠이지만
마음의 창을 열고
눈 들어 저를 찾아보셔요
크고 작은, 희거나 푸른빛들의 마을
그곳에 제가 깜빡이고 있을께요
당신이 가만히 불러 주시면
반짝이는 눈빛으로 안겨 갈께요.
어둡고 고단한 밤길이라도
언제나 당신 따르는
별 하나 있는 거 잊지 마셔요.
당신께서 두고 오신 멀고 머언 그곳
그리운 이름으로 반짝이는
별 하나 있는 거 잊지 마셔요.

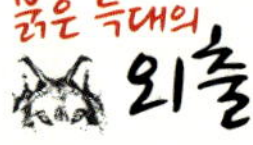
붉은 늑대의
외출

바다를 위한 獻詩

포구에서

사람에 따라 바다는
문전옥답이기도 하고
아무짝에도 쓸모없는
바람밭이기도 하지만
식전 댓바람부터 소주를 마시면서
돌아오는 포구는
그 동네 어촌계장 황씨네의
돌담 옆에 심어놓은
능소화 꽃술 이다가
끊임없이 흔들리는
기폭旗幅 위의 하늘처럼 가득하여
공판장 옆 감포댁 좌판에는
벌써부터 고기 아닌 바람을 판다
공연히 취한 채 갈매기 쫓던
출어 못한 수부水夫의 객담客談이
포장집 너머로 건너 올 무렵부터
장맛비는 추적추적 내리고
오는 이 보다 가는 이의 발등 위에
바람은 더 수북히 쌓여
하늘을 채워 오는 바다를 안고
밤마다 베고자던 파도소리

비린 객창客艙의 발자욱으로 다가 와
두툼한 무게로 한 움큼씩
낮술에 취한 뱃전을 두드리는데
아슴한 수평선을 짚어 가던 갯바람
물결 잔등을 쓸며 잿빛 바다를 훑고 있다.

새벽포구 2008年 作 Acrylic on Canvas 45.5×33.3cm

등대

그리움으로 지켜 선
바람받이 땅끝
세상의 모든 바다가 시작되는 그곳
물 위를 떠도는 눈길들을 위해
밤새 불빛 끄지 않고 뒤척이며
바닷길 밝히는 희망의 또다른 이름
등대.

出航　2005年 作 Water Color 53.0×33.3cm

유자나무 여관

발밑에 파도가 철석이던
욕지도 선착장 부근
지금은 허물어져 흔적조차 없지만
낡은 기와를 얹은 작은 여관이 한 채 있었습니다
바다에 폭풍주의보가 내려
그물을 걷어 올린 선망 선단이
갈매기떼 이끌고 선창을 찾아 줄지어 들어오면
조용하던 포구는 갑자기 부산해지고
몇 채 되지 않은 니나노 선술집마다
젓가락 장단에 동백아가씨를 부르는
색동한복을 입은 작부아가씨의 교태로운 웃음이
파도밭에 지친 어부들을 보듬어 주곤 했지요
밤이슬에 별빛들이 젖어갈 무렵
막소주에 거나해진 선원들은 선실로 가고
색동옷의 눈에 들은 몇몇의 수부들이
따슨 물로 몸을 씻는 일본식 목조건물 여관
울타리 건너 노오란 유자를 매단 나뭇잎들이
낄낄대며 창문 너머를 엿보고 있었습니다.
바다를 떠돌다 고단한 몸을 누인 사내들의
이부자리를 깔아주는 색동옷이
각자의 상처와 외로움을 연민으로 품어
온밤을 핑크빛 전등으로 지새우고 난 다음날

동 터오는 방파제 너머로 기관음을 울리며
어군탐지기를 켜 놓고 갈매기떼 몰아
손님도 사랑도 거짓말처럼 가버린 선창을
말없이 지키고 선 유자나무 여관이
속절없이 흩어지는
파도소리를 듣고 있었습니다.

休 2002年 作 Oil on Canvas 53.0×45.5cm

자갈치 숫고래들

이 추운 동짓달 하룻날을
저들은 어디로들 떠돌다가
착화탄 연기 자욱한 자갈치시장
곱창집 화덕을 끼고 앉았을까
이 풍진 세상 외롭고 추운 저 숫고래들은
모질게 날세운 어느 포경선의 작살에 맞아
쩍쩍 갈라진 등짝들을 하고서는
남항 사리물때에 떠밀려 온
시커먼 다시마 빛깔의 가슴들을 숨겨 감추고
굽어 숙인 어깨 들썩이며
독한 막소주를 털어 넣고 있을까
덧없이 가버린 밀물과 썰물 같은 세월
온 바다 가득하던 붉은 크릴은 이제 한낱
한 시절을 풍미하던 흑백영화 같은 것
선창으로 밀려난 저 숫고래들은
퇴락한 바다를 무릎 위에 얹고
각자의 주머니를 털어 소주를 마시는 것이다
이제 밤이 이슥해지면 저들은
하나 둘씩 일어나 긴 그림자 밟고
귀때기 후려치는 칼바람 맞아가며
하룻밤 잠들 곳을 찾아 저저이 흩어져 갈 것이다

다만 새날이 밝으면 또다시 저들이 찾아나설 그곳
눈부신 태양 아래 옥빛 물결로 온몸을 감고
찬란한 물기둥을 하늘로 치뿜던
그들의 바다 그들의 섬기슭에
언제쯤 닿을 수 있을지는
아무도 정말 아무도 모를 일이지만.

船橋 Bridge 1999年 作 Acrylic on Canvas 22.1×11.8cm

망실주점亡失酒店

해풍에 펄럭이는 선창 포장집
수부水夫의 걸직한 목소리 들으며
두툼히 취해가던 기억은 이미 옛날
퇴락한 서정 너머로 노을이 지고
천마산 건너로 어둠이 묻어오면
아 아, 길 건너 남포동은 꿈틀대지만
갈 곳은 어디에도 없다
발길을 돌려 자갈치에 서면
도시는 작부酌婦처럼 웃고 있는데
송도 앞바다 불빛은 푸르러서 서럽다
덜커덩 낡은 문을 밀치고
호기 있게 들어서면
카바이트 불빛 아래 웅기중기 모여있던 얼굴들
양은 솥에는 오뎅국물이 허연 김을 뿜고
퇴역한 늙은 수부의 고깃배 타던 옛날
피항길에 만났던 흑산도 처녀 얘기를 안주 삼아
젓가락 장단에 동백아가씨를 부르던
착하고 순한 그들은 다 어디로 갔을까

비린내마저 풍기지 않는 선창
갈매기 쫓던 시간은 멀기만 한데
바다는 방파제 너머에서 일렁이다
아득한 눈빛으로 저 혼자 무너진다.

休港 2002年 作 Oil on Canvas 53.0×45.5cm

산 라자로 묘지

사하라 모랫바람 불어오는
대서양 카나리아군도
산 라자로 언덕
퇴락한 무덤가에 앉아
위스키 병마개를 딴다

대학시절 가난한 주머니를 털어
고갈비에 막소주를 마시며
벌겋게 취한 채 꿈과 청춘을 얘기하던
젊은 날 내 친구 장진원군이 잠들어 있는
산 라자로 한국인 선원묘역

지금은 가난한 東洋의 水夫지만
항해사 거치고 트롤선 선장이 되면
한 세상 멋나게 살아볼 수 있다며
함박꽃 같은 웃음으로 찾아간
사하라 건너 산호어장
라스 팔마스

물도 낯도 설은 바다에
덧없이 몸을 던진 149의 수부들이
이국의 잡초를 뒤집어 쓴 채
방치되어 있는 언덕에서

한 시절 꽃 같은 청년을 함께 했던
아슴한 이름을 불러 본다.

달러 벌어 고향의 어머니께 집 한 채라도
장만 해 드리겠다는 눈빛을 반짝이며
바다의 나날들을 詩로 적어
헤밍웨이 같은 음유시인이 되고 싶다던
스물일곱 꽃다운 청년은
이제 이승에 없고

머나먼 동양
대한반도의 경상북도
의성 어느 마을에
그 청년의 목숨과 맞바꾼
아담한 집 한 채 지어져 있을진 모를 일이지만

무량한 하늘을 이고
백파가 일렁이는 모리타니아 해변
물결 너머로 들려오는 그 청년의 노래가
누아디브 산호초 아래서 한 편의 詩가 되고
햇살 내리는 봄날
의성마을 처마 밑의 함박꽃으로 피어
수평선에 걸려 웃고 있을까

지구의 저편
너와 나의 고향은 여기서 너무 멀고
지금은 기억 속에서만 남은 벗이여
회색의 하늘을 나는 갈매기 날갯짓은
멀어서 아득하여
아무리 실눈을 뜨고 있어도
수평선이 무너진다.

* 오대양을 누비며 새 어장을 개척하고 겨레의 풍요한 내일을 위해 헌신하던 꽃다운 젊은이들이 목숨을 잃었다. 허망함이여! 그들은 땅끝 망망대해 푸른 파도 속에 자취없이 사라져 갔지만 우리는 그대들을 결코 잊지 않을 것이다. 1978년 9월 30일 – 박목월 –

산 라자로 묘역에 세워진 추모비의 글

안개 2010年 作 Water Color 40.9×24.2cm

염전에서 2011年 作 Water Color 60.6×24.2cm

낙조落照

물새들 낮게 날고
잿빛 구름 무너지던
그날 저녁답
섬 너머 백파 일고
달무리 짙어 샛바람 수상하다며
지난 밤 던져놓은 문어통발 건지러 나간
평생을 파도 위에 올라살던
막소주에 절은 붉은 코 그 늙은 어부가
달포가 지나도록 그만 보이지 않더니
저녁놀 기우는 동백숲 언덕에
나지막한 초혼 묘 하나
수평선을 굽어보며
오롯이 앉아 있네.

* 시신을 찾을 수 없어 치르는 장례를 초혼장(虛葬)이라 하고 그 무덤을 초혼묘라고 한다.

여차해변

잃을 것 다 잃고
질퍽이고 넘어지며 홀로 걷는 밤길이
아득하고 멀기만하랴
우리 앞을 가로막는 팍팍한 나날들이
자갈돌같이 자글거릴 땐
거제섬 끝머리 여차해변을 찾아 가 볼일이다
끊임없이 파도로 몰려와 포말로 흩어지는
그대와 내가 겪는 삶의 시간들과
혹은 아무리 물질을 해도 결코 닿을 수 없는
생의 밑바닥 같은
그 아래쯤에 있을법한 단단하고 검은
절대 고독의 몽돌밭이 그곳에 펼쳐져 있나니
좋은 삶을 사는 법이란 모나지 않고 소문도 없이
무디게 사는 법을 조용히 익혀가야 하는 법
여차하면 쓸려나갈 파도밭에 온몸 맡기고
부딪치고 닳아서 둥글어진 검은 몽돌이었다가
또다시 으깨지고 바스러져 검은 모래로 흩어진다 해도
끝끝내 속으로만 삼키는 울음으로
속절없는 들물과 날물의 한 생애를 껴안고 가며
제 몸 만들어준 이곳을 버리지 않으리라
그것이 우리들의 사랑법임을 온몸으로 보여 주마고
여차해변의 몽돌들은 그렇게 자글자글 일러주리니.

파도 2010年 作 Water Color 53.0×40.9cm

바다를 위한 헌시獻詩

그대가 만약
나를 조용히 타이르던
나지막한 노래라면
나는 확실히
그대의 메아리다
그대가 내게 열어 준
옷섶 깊은 품 안에서
나는 항시 그대를 향한
물결이 되어 일렁인다
분주한 세월 따라
내가 가고
세월은 나를 데리고 가지만
모진 목숨 끝에 닳아 남는
그대와 나에게 이어진 인연을
한시라도 잊을 수 있으랴
지금은 비록
그대의 품에서 내려와
뭍에 섰어도
그대가 내게 끊임없이 주었던
바람과 구름
무수한 별빛들과
하고 많은 기억들을
가슴 안에 품고 사느니
세월의 물결 따라 유랑하는

내 얼굴 한쪽 모서리부터
차츰 날은 저물어 가고
허랑한 내 등허리는
서서히 굽어 가지만
물빛 맑았던 청년의 세월
잠결마다 찾아와
내게 속삭여 주던
그대 노래로
다시 태어 나고 싶다.

이기대에서 2010年 作 Water Color 53.0×40.9cm

청산도

청산도의 모든 길들은 굽어있더라
갯바람에 엎드린 도단 지붕들이
올망졸망 모여있는 언덕마다 약쑥들이 자라고
햇살 머무는 기슭에는 아무도 눈길 주지 않아도
문주란 흰꽃이 제 신명에 웃고 있더라
날 세운 바람은 골마다 파도를 가두어두고
유채꽃 빛깔을 닮아있는 청산도 사람들이
꽃잎처럼 머리칼 날리며 웃고 있더라
청산도에는 돌이 많더라
돌이 많아서 구멍 숭숭 뚫린 담벼락이 많더라
담벼락 사이로 들고나는 바람이
구성진 목소리로 진도아리랑을 부르고 있더라
구성진 남도 서편제를 듣고 자란
키 낮은 청보리가 어깨춤을 추더라
그래서 그곳의 모든 길들은 휘어지고 굽어져
청산도에선 느리게 걸어보라 하더라.

청산도　2012年 作 Water Color 19.0×32cm

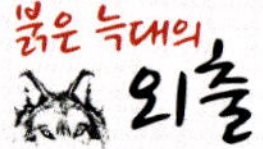
붉은 늑대의
외출

동짓달 노을 지는 언덕
그리고 그리움에 대하여

봄날 섬진강을 가 본 이는 안다

봄날 섬진강을 가 본 이는 안다
악양들 청보리는 흐트러져 나부끼고
간간이 두 볼 적시며 가슴을 긋는 빗발
애써 피운 꽃잎 질까 애태우는 산수유
속절없는 강물에 눈길 띄우면
물안개로 다가오는 그리움의 얼굴이며
그리움의 꽃비는 어디에서 오는가를
비내리는 섬진강변을 걸어 본 이는 안다

모진 겨울 이겨내고 먼데서 오신 님
마중 나온 매화 밭을 강 건너로 바라보면
강물은 바다로 흐르는 것이 아니라
젖어가며 부푸는 가슴으로 흐른다
가슴안에 묻어 둔 눈빛 어디쯤에 머물고
살아오며 잊어 온 것들이 무엇인가를
스스로를 비우고 낮게 지는 하동포구
비내리는 봄날 섬진강을 가 본 이는 안다.

봄눈

꽃샘바람에
홍매화 꽃술 터질 때마다
신음소리 들리는 것은
새 붉은 그 꽃송이들이
은밀히 전해주는
개화의 비밀이란 걸
아는 이는 안다

먼지 낀 거리를 떠나 와
봄볕 쬐며 앉을 곳 찾아보지만
아직도 귓볼 스치는 바람은 차고
겨울산은 침묵의 하늘을 이고 서서
바람이 주는 노래를 듣고 있다

아직은 땅속 깊이까지 얼어있는
허허로운 눈길이며 희망 따위를
어쩌랴마는

한두 번 꽃샘바람 겪고 나면
반드시 찾아 올 햇살 기다리듯
모진 겨울 겪어낸 봄을 맞아 보았거나

척박한 마음 밭에 꽃을 피워본 이는
겨울의 막바지에 내려 쌓이는
저 눈발이 주는 암유도 안다

혹여 언뜻 다녀가는 짧은 봄날
너와 나는 못다 핀 꽃술로 남아
무성한 신록의 숲 그늘로
이름 없이 묻혀 간다해도
지금은 다만 희디흰 가슴을
서로의 옷섶으로 여민 채
때늦게 배달되어 와 발등 위에 쌓이는
머언 북국의 엽서를 읽고 있나니.

봄볕

극락암 삼소굴 옆 노란 수선화
꽃잎 위로 내리는 봄볕을 받아
노오란 햇빛만 새로 솎아서
겨우내 가난했던 주머니에 담아
산수유 꽃잎 진 숲길 내려 와서는
세심교洗心橋 맑은 물에 마음을 씻고
영축산 언저리를 올려다보니
환한 대낮에도 별이 보이고
한 생애生涯 봄날이 눈물겨워라.

봄볕 2010年 作 Oil on Canvas 53.0×45.5cm

봄날은 간다

가는 빗발이
은색 실타래 풀어지듯
사방으로 흩어지더니
어느새 바람 실어
검은 구름을 딛고 와서는
두텁게 내려앉는다

아아, 그런데 어쩌랴
애써 피운 뒤란의 모란꽃이
뚜욱 뚝 떨어지는 소리가
비명으로 들릴듯한데

누가 알랴
처마 밑 낙숫물 소리에
꽃 지는 밤
비애로운 풍경을

꽃이 지기로서니
세월을 탓하랴마는
무심코 흩뿌리는 봄비에
또 한번의 봄날은 그렇게 간다.

별을 바라보는 이유

아득하게 멀어서 별이듯
멀리 있는 사람을 사랑할 때는
아무도 모르게 눈 들어
별을 찾게 됩니다

소리없이 꽃잎 지는 오월의 밤
아카시아 그늘진 뜨락에 서서
내가 별을 바라보는 이유는
영롱하게 반짝이는 그 빛이 고와서가 아니라
가슴 안에 별빛을 채워가기 위해서가 아니라

그리운 이여
그리워서 언제나 먼 곳에 있는 이여
헬 수 없는 우리의
아득한 그리움의 거리 때문임을
그대 아시는지요.

오십 대의 나날과 여름에 관한 소견

시간마저 멎어버린 한낮
炎天염천의 거리를 나서 보면
이따금 마주치는 이웃들도
지난 세월의 기억 따위를 잊고 있던가
아니면 말문을 닫아 버린 눈치다
앞만 보고 달려왔던 그들과 나는
다들 희망에 속아왔음을 알아 버렸고

대책없는 여름 아이들이
왁자하게 떠들고 지나가는
골목 어귀를 비켜서면서
방향감각을 상실해버린 너와 나는
그저 민망하고 무기력하기만 하다

언제부턴가 확실히 세상은 달라져 있고
낯선 표정의 친구들도 어느덧
흐린 눈빛만큼이나 말수가 적어졌다
지금은 검은 개펄 위에 기울어진 폐선 마냥
우리는 다만 침묵으로 녹슬어 갈 뿐
부질없는 기억 따윈 무슨 의미랴
그것들은 이미 시간의 강물 저편으로 떠내려간
헛되고 헛된 물안개 같은 것을

왜 몰랐던가
우리 살아가는 세상의 일이란 게
한나절 선잠 속에 만나 본 헛된 꿈이거나
일순 다가왔다 사라지는 무지개 같은 것
꿈에서 깨어나 문득 제자리로 돌아왔을 때
눈앞에 펼쳐지는 삶의 모습이란
비린내 질척이는 여름날 수채가 마냥
황량하고 통속적인 얼굴인 것을

한 뼘 가로수 그늘 아래 걸음 세우고
문득 주위를 둘러보면
배반과 굴욕으로 찬란한 이 여름날
우리곁을 지키고 섰는 것은
슬픔의 눈길로 섰는 망실의 기억들과
제 그림자 마저도 바라보지 않는
아아, 오직 적요한 오십대의 나날이여.

가을 연가戀歌

가을에는 가을에 젖는 것보다
젖은 가을을 보는 것이 더 아름답다
가을은 젖을만한 충분한 이유가 있지만
한번 물들면 기어이 전부를 물들여야 하기에
적당한 거리를 유지함도 좋다
가을을 산다는 것은
그리움을 꺼내보는 일이고
가을을 보낸다는 건
그리움을 가슴에 묻는다는 말이다
저 붉은 옷의 나무처럼
내 가슴 안의 열정에 불지르고 타죽는 그리움
가을엔 그저 뜨겁게 타올랐다 흩어져가는
그들 나무의 사랑법을 바라보기만 하며 보내야 한다
우리도 그들처럼 한꺼번에 그렇게 타다 겨울이 되면
얼마나 더 춥고 쓸쓸하랴
언뜻 지나는 한 줄기 바람에도
속절없이 우수수 떨어져 흩날리는 가을
저들은 저렇게 떨어져 한 겨울을
제 주인의 시린 발등을 덮는 이불이 되어주고
끝내 흙으로 돌아가게 되리라는 것을 안다
그들은 두려워 않는데
우리는 왜 떠남을 미리 걱정하고 있는 걸까
가을은 관객이 되어 서성이다 돌아가자

돌아가는 발걸음 아래
밟히며 버석이는 생각들 모두 떨치고
자꾸만 뒤돌아보게 하는
아쉬운 시간과 못다한 말들 모두 버리고 가자
지금은 눈길 가는 곳마다 아득하고
새 한마리 푸드득 날아올라도
호수처럼 파문 일 것 같은 하늘
그래, 지금은 가을이야
그것도 깊을 데로 깊은.

晩秋 2011年 作 Water Color 45.5×37.9cm

가을에는 강가에 나가 볼 일이다

가을에는 강가에 나가 볼 일이다

가을 강은 곧바로 바다로 흐르지 않고
더러 기슭에 머물기도 하면서
먼 산 나무와 풀잎들
하늘이며 꽃들의 기억을 담고서는
하늘로 흐른다

우리 겪는 삶의 모습이 그렇듯
강물도 산 깊은 始原시원에서 출발한
길고 먼 여정속에 겪어 온
수많은 인연, 부딪힘과 물들임들을
결코 쉽사리 잊을 수 없어
천천히 흐르며 가슴을 앓는 모양이다

사랑은 흐르고
정은 고인다는 말이
문득 가까이 다가서는 계절
슬퍼서 아프고
아프기에 아름다운 가을이 있음으로
가을에는 강가에 나가 그리움을 만나고
그 강물에 나를 벗어 담그고 흘러가며
가득한 하늘을 품어 볼 일이다

가을은 달력 속의 그림으로 오는 것이 아니라
먼 그리움의 가슴에서 스며오는 것이므로
우리가 가을 강을 버리지 않는 한
물소리 잦아든 강가에서
찬란한 슬픔의 아름다움으로
우리의 가을은 함께 있을 것이다.

亡失한 가을에 대한 斷想

이놈의 도시에는 도대체 가을이 없어,
몇 차례의 태풍이 여름을 몰고 가더니
염분 실은 바닷바람에 가로수 잎 모조리 떨어져
로터리 꽃탑도 어느새 철거되고
해안 도로변 화단에 간간이 보이던 칸나며 코스모스도
무참하게 무너지고 뽑혀
시체처럼 흔들리며 청소차에 실려 가버린 뒤
그 길을 매일 지나치던 내 시선마저도
삭막한 콘크리트 벽이 발라졌어
나는 매일 음악마저 꺼버린 차를 몰고
황량한 그 길을 오가면서
노란 은행잎과 칸나의 붉은 입술
현란하게 흔들리던 코스모스의 기억마저
모두가 잘려나간 망실의 길을
아득한 느낌으로 핸들을 잡고
무심히 지나쳐 버리곤 할 수밖에는
가을이 담홍빛으로 영글어가는
가을다운 가을이 있는 곳,
흩어져 나부끼는 낙엽마저
겨울을 준비하는 우아한 슬픔으로 다가오는
그런 곳에 가고 싶다

한 계절을 건너 뛴 현해탄의 바다빛깔이 검고
포도鋪道 위에 버려져 뒹구는 비닐봉지가 춥다
무심코 바라 본 차창 위에
회색으로 무너지는 하늘이 있다.

가을비

가을비가 내렸어요

가던 걸음 멈추고
바라 본 거리에는
흩어지는 기억들과
잃어버린 시간의 잔해들이
푸른 가로등 불빛 아래서
빗물에 젖고 있었어요

모든 것이 떠나는
가을이란 계절은 언제나 그랬어요
혹여 당신께서 떠나시더라도
뒤를 돌아보진 마세요
누구든 떠나가며 돌아보는 얼굴은
빗물에 씻기며 떠내려가는
메마른 나뭇잎처럼
슬프게 보이니까요

날이 들어
햇살 비치는 아침
겨울을 찾아 떠난 그대의
흔적을 찾아보았지만
어지러이 흩어진 마른 잎들과
온밤 내 뒤척이던 젖은 생각들만
빈 가지로 나부끼고 있을 뿐

하얗게 웃던 그대 모습은
어디에도 없었어요

그래 맞아요
생각해보니
가을비는 몸만 적시는 게 아니더라구요
비는 그쳤어도
추적추적 빗물 소리로 가슴에 남아
몇 날을 아프게 하더라구요.

雨曜日 2012年 作 Water Color 33.3×21.2cm

겨울편지

창밖의 나무들이 춥습니다
어떠신지요
짐작하시겠지만
이즈음 나는 두문분출입니다
산도 얼고 강도 얼어
아쉬움이며 희망 따위도
모두가 겨울에 갇혀
묵언으로 숨죽인 시간뿐인 걸 어쩝니까
별수 없이 창밖이나 내다보며
부질없는 생각이나 헛꿈 따위로
이 나날을 겪을 밖에는,
걸으나 앉으나 서나 누우나
느는 것은 잔꿈 뿐인데
더러는 꿈속에서 횡재를 하기도 합니다
좀전에 들었던 잠깐 사이 낮꿈으로
풀린 강이 업고 돌아온 쑥밭에서
금빛으로 쏟아지는 햇살 한줌을 얻어 물고
하늘로 비상하는 하얀깃의 새가 되기도 했지요
그러나 아 아, 눈뜨면 보이는 것 모두
허랑한 바람의 검은 들판
서리 내린 응달에 까치가 울다 가고
하늘은 왜 저리 서럽게도 푸르런지
나이 먹어 갈수록 등허리는 시리는데

겨울은 왜 이리 땅속 깊이 춥고 긴지요
오늘도 영하의 날씨, 꼼짝도 못합니다
바라건데 이 겨울 잘 견디고 새잎 돋는 그날
햇빛 다발 한 아름 안고 봄꽃되어 만날 때까지
고우시고 귀하시며 더 깊어지소서
가슴안에 향기 고이 품어 지키옵소서.

눈길 2010年 作 Water Color 45.5×33.3cm

동짓달 노을 지는 언덕 그리고 그리움에 대하여

추석을 며칠 앞둔 몇 해 전 가을 더운 날
일 년에 한두 번 찾는 고향
무동마을 선산에서 벌초하다 만난
얼굴이 검어선지 한참 나이들어 보이던
면사무소 나간다는 송장근이가
간암을 앓다 세상을 떴다고 한다
두 해 정도 다녔지만
너무나도 또렷한 기억 속의 시골학교
한 학년에 한 반 밖에 없어선지
아슴하긴해도 가만히 생각나는 얼굴들
교문 밖을 지켜 섰던 아름드리 물포구나무와
개나리 진달래며 탱자나무 울타리로 엮어진
반천초등학교의 어여쁜 인연들을 이어 줄
유일한 그 친구는 이제 가고 없다.

언양면 서부리 50번지
농협창고 옆 쌀집 아들 전중호는
서른도 못 채우고 위암으로 죽었단다
100리 자갈길을 터덜버스를 타고 와선
졸업을 축하한다고
멋쩍은 웃음으로 꽃다발을 건네주던 친구

사슴같이 큰 귀를 달고 소 같은 눈을 꿈벅이던
인정 많고 착해빠진 그친구는
장가들어 1년도 채 못살고
이쁜 색시만 남겨놓고 먼 길 갔단다.

용산구 후암동 해방촌 하숙방
댓길이 평양할아비집에서
찌그러진 통기타 안고 함께 뒹굴던 임성민이
꽃미남 배우에다 성격도 좋아
버릴 것 하나 없는 참한 녀석이었는데
저승사자가 시샘을 하셨나
왜 그리 일찍 데리고 갔을까
멕시콘가 어디를 가서는
애니깽인지 부지깽인지를 찍고 와서는
시름시름 앓다가 간경화로 갔는데
하많은 여인네들 아쉬움을 남겨두고
국화꽃 덮힌 장의차로 떠나는 모습을
티비로 보던 때가
벌써 스무해가 지났어라

생각해보면 하나 같이 착하고 아까운 그들

왜 그리 서둘러 갔나싶어
모진 목숨 허재비 몰골로
나는 얼마나 더 살아야
사슴 같은 눈빛을 하고 있던
그들의 모습을 닮아갈 수 있을까

그리움 묻고 사는 이
어디 한둘이랴마는
멀어져간 이름들로 하여
눈시울 적실 나이는 지났어도
지천명의 또 한해를 보내는
동짓달 해 저무는 언덕에서
스러지는 노을이라도 볼라치면
구름꽃으로 피던 얼굴들 하나하나 다가와
가슴을 후비고 지나간다

이제부턴 부질없는 희망들과 작별하면서
고즈넉한 황혼을 맞을 준비를 하다가
오늘 같은 동짓달 해거름에 서보면
그리움의 얼굴이 어떤 건지 알 것도 같은데
내 안에서 꽃을 피우고 향기로 있어주었다가

겨울녘 저저이 떠나간 들새 같은 그들이기에
무너지는 노을 언덕에 펄럭이며 서서
고마웠노라 사랑했노라고 읊조리며
그들을 향한 뜨거운 눈시울을
남몰래 적시고 싶은 것이다.